Komm mit, wir reisen zu Mozart

Mit Texten von Herbert Rosendorfer und Julia Andreae
und Bildern von Iris Wolfermann

arsEdition

Pauline saß mit ihren Eltern bei Tisch,
stocherte im Essen herum und gähnte.
»Was hat denn unser Paulinchen?«,
fragte Mama fürsorglich.
»Nun iss doch ein bisschen!«
Als würden die blöden Kartoffeln
gegen die Langeweile helfen!
Papa wusste schon, wie er Paulinchen
aufmuntern konnte:
»Heute kommt Opa Eduard«, sagte er.
Na, das war eine erfreuliche Nachricht!
Mama fand Opa Eduard allerdings recht verrückt.
»Der mit seinem Mozart-Tick«, seufzte sie
und räumte schnell das Geschirr weg.

Pauline hockte sich in den Gang und wartete auf Opa.
Warten konnte sie gut, denn meistens passierte danach etwas Tolles.
Nur durfte die Warterei nicht zu lange dauern. Da klingelte es auch schon,
und Pauline stürzte ihrem Opa entgegen, sodass er fast umpurzelte.
Opa musste erst noch von Oma erzählen, die heute ihre »Nerven« hatte,
dann probierte er Mamas Kuchen, und endlich konnte Pauline
ihn in ihr Zimmer schleppen.

»Du, Opa Eduard, weißt du was gegen universogroße Langeweile?«,
fragte Pauline. Das beeindruckte den Opa natürlich gewaltig.
Er rückte ein wenig näher, schaute bedeutsam und sagte:
»Pauline, du magst doch Musik so gerne.
Kannst du ein universogroßes Geheimnis bewahren?«
Pauline wurde ganz aufgeregt, legte die kleine Hand
aufs Herz und schwor es feierlich.
Opa nahm sie bei der Hand und führte sie auf den Dachboden.
Was mochte es denn an diesem unheimlichen Ort bloß geben?
Opa ging zu dem uralten Klavier, das in der Ecke stand,
klappte den Deckel hoch und begann zu spielen.
Pauline lauschte andächtig und gebannt.
»Was ist denn das?«, fragte sie.
»Das ist die ›Kleine Nachtmusik‹ von Wolfgang Amadeus Mozart,
der vor über 250 Jahren in Salzburg geboren wurde«,
erklärte Opa Eduard.
»Hat der auch Musik gemacht? Ich kenne nur seine
klebrigen Schokoladekugeln«, staunte Pauline.
Opa Eduard spielte im Anschluss ein Menuett.
»Zu dieser Musik tanzten früher die Menschen«, erklärte er.
»Das ist aber schön«, sagte Pauline verzaubert.
Dann holte er ein seltsames Büchlein aus einem
verstaubten Notenstapel, sah Pauline an und sagte:
»Mit diesen Zaubernoten kannst du zu Mozart reisen.
Du musst sie immer richtig spielen.
Jede Reise kannst du nur einmal machen.«
Ob Opa vielleicht spinnt, dachte Pauline.
Doch es war einfach zu spannend!

»Aber wie…«, stotterte sie.
»Du wirst alles richtig machen«, sagte Opa Eduard liebevoll und ließ sie allein. Pauline atmete tief durch. Noten kannte sie schon aus der Musikschule, also fasste sie Mut und schlug die ersten drei Töne an. Pauline wurde schwindlig, und sie schwebte durch einen Sternenstrom, der sie ins Klavier zog.

Plötzlich landete sie auf einer unbeschreiblich staubigen Straße im Salzburg des Jahres 1761. Lautes Getrappel ließ sie aufschrecken, und von hinten packte sie ein Kind fest am Arm und zog sie an den Straßenrand. Da wäre sie doch fast von einer Kutsche überfahren worden!
Pauline schaute ihren Retter genauer an. Er war seltsam gekleidet, eher wie ein Junge, hatte aber einen geflochtenen Zopf.
»Wer bist denn du?«, fragte Pauline.
Der etwa gleichaltrige Knabe verbeugte sich leicht:
»Ich heiße Amadeus. Und du?«
»Pau… Pauline«, stammelte Pauline.
»Und wo kommst du so plötzlich her?«, fragte Amadeus.

»Aus einem Kla.. la...lavier, einem Zau...berklavier«, versuchte
Pauline zu erklären und starrte immerzu auf den drolligen Zopf des Knaben.
Komischerweise gab sich Amadeus mit dieser Antwort zufrieden.
»Sag, möchtest du vielleicht auf eine Tasse Schokolade mitkommen?«,
fragte er. »Ich muss nämlich noch ein Stück fertig komponieren.«
Jetzt war es heraus! Das musste er sein, DER Mozart,
dachte Pauline ehrfürchtig. Und natürlich wollte sie mit ihm kommen.
Sie spazierten also durch eine für sie vollkommen fremde Welt
zu Amadeus' Haus. Die Straßen bestanden Paulines Ansicht nach
hauptsächlich aus Dreck, der auch noch ständig von
den Kutschen und Pferden aufgewirbelt wurde.
Pauline trippelte neugierig hinter Amadeus her.

In Mozarts Heim angekommen, kam Pauline nicht aus
dem Staunen heraus. Sie war immerhin fast 250 Jahre zurückgereist
in die Zeit des Rokoko, und alles kam ihr so wundersam vor.
Die Wände waren mit schönen Tapeten geschmückt, und nahezu
alles war verschnörkelt und verziert, jedes Möbelstück und auch
das Geschirr. Die Kleidung war voller Rüschen und reich bestickt.
Das gefiel Pauline natürlich ganz besonders gut.
Allerdings sahen die Kleider auch recht unbequem aus.
Das musste doch schwierig sein, da seinen Schulranzen drüberzuziehen.
Und ob man sich damit überhaupt hinsetzen konnte?
Vielleicht mussten die Damen den ganzen Tag stehen?
Amadeus stellte Pauline seinen Eltern vor, die er mit »Sie« ansprach!
Der Vater musterte sie recht streng – vor allem ihre Jeans –
und fragte Amadeus, ob er wohl jedes Gesindel mitbringen müsse.
Übrigens hatte der Vater Puder im Gesicht.
Er trug außerdem eine Perücke und parfümiert war er auch.
Ob der meschugge ist, fragte sich Pauline.

Amadeus' Mutter hatte schon die heiße Schokolade gebracht und zündete ein paar Kerzen an. »Ist bei euch der Strom ausgefallen?«, fragte Pauline. Was denn bitte ein Strom sein solle, wollte Amadeus wissen. Natürlich gab es noch keinen Strom. Die beiden tranken die gute Schokolade, doch dann ließ sie das schwere Schlagen einer Uhr hochschrecken. Amadeus spielte auf bezaubernde Weise noch ein Menuett zu Ende, das Pauline sehr bekannt vorkam. Dann verabschiedete sich Pauline rasch. Amadeus konnte kaum servus sagen, da verschwand das Mädchen schon durch das Klavier.

Seit dieser ersten Begegnung mit ihrem neuen,
wundersamen Freund bestand Pauline darauf,
nur noch mit Mozartzopf herumzulaufen.
Ihre Mama musste extra eine Samtschleife kaufen.
Zudem wollte Pauline von nun an zum Klavierunterricht.
Dafür lieh ihr Papa sogar ein neues Klavier aus.
Als ihr Lehrer Herr Grundwirmer sie fragte,
ob sie Mozart kenne, sagte sie:
»Na klar, der ist toootal cool!«
Herr Grundwirmer war mächtig entrüstet über diesen Ausdruck.
»Sie kennen ihn ja gar nicht!«, sagte Pauline.
Und da hatte sie recht. Aber das konnte
der knorrige Grundwirmer nicht verstehen.
Als er endlich gegangen war, holte Pauline
das magische Buch hervor und machte sich auf
die nächste Reise. Sie traf ihren Amadeus in Frankfurt an.
»Bist du mit dem Flugzeug gekommen?«,
fragte sie ihren Freund. »Ich kann nicht zaubern so wie du«,
sagte Amadeus, denn es gab in dieser Zeit weder Autos
noch Züge und schon gar keine Flugzeuge.
Man musste alle Reisen in wackeligen Kutschen
auf holprigen und staubigen Straßen machen.

Pauline durfte Amadeus zu einem Konzert begleiten,
wo er vor dem vierzehnjährigen Dichter
Johann Wolfgang von Goethe spielte,
der Mozart sehr bewunderte.
Dann sah Pauline, dass es schon
wieder Zeit war zu gehen.
Sie sagte servus und wirbelte davon.

Mit der Zeit erschöpften die Klavierreisen Pauline und
sie gähnte den lieben langen Tag. Auch im Kindergarten
wunderten sich alle über Paulines Veränderung.
Vor allem ihr Freund Max war schwer gekränkt.
»Kommst du heute Nachmittag endlich zum Spielen zu mir?«,
fragte er Pauline.
»Nö, ich muss nach Paris«, sagte Pauline wichtig.
»Bei dir piept's ja«, brummte Max.
Aber tatsächlich hatte Amadeus Pauline eingeladen,
ihn bei einem Konzert in Paris zu besuchen.
Das ließ sie sich nicht entgehen. So viel stand fest!
Paris war geradezu überwältigend!
Hier waren die Damen und Herren ja noch feiner gekleidet,
gepudert und mit turmartigen Perücken bestückt. Doch langsam
dämmerte Pauline, warum die feinen Menschen das machten.

Das Waschen war nämlich noch gar nicht so in Mode,
und anscheinend waren nicht nur die Straßen schmutzig,
sondern auch die Menschen. Die Ärmeren hatten natürlich
keine Perücken und waren ganz verzottelt und zerlumpt
und kratzten sich ständig.
Und der nicht sonderlich angenehme Geruch überall!
Am Ende der Parisreise standen Amadeus und Pauline vor der Kirche
Notre-Dame und Pauline bekam Sehnsucht nach ihren Katzen
Quasi und Modo. Danach ging es auch noch nach London.
Amadeus hatte viele Auftritte, bei denen er umjubelt und gefeiert wurde.
Aber er nahm sich auch Zeit für Pauline, und so besichtigten sie
den berühmten Tower. Der beeindruckte die beiden besonders stark.

Amadeus war inzwischen elf Jahre alt, hatte seine
ersten Symphonien geschrieben und sogar eine kleine Oper.
Er war schon eine kleine Berühmtheit, da ihn sein Vater überall
auftreten ließ. Bei jeder Begegnung war Amadeus älter und Pauline
immer noch fünf. Im Jahr 1767 wurde Amadeus schwer krank.
Er bekam die Pocken, was Pauline ganz verzweifeln ließ.
»Wieso bist du denn bloß nicht geimpft?«,
fragte Pauline den blassen Amadeus.
Vom Impfen hatte Amadeus noch nie etwas gehört.
Pauline fand in ihrer Hosentasche noch ein Gummibärchen
und schenkte es Amadeus. Er aß es etwas verwundert,
aber begeistert – und tatsächlich: Er wurde gesund!
So konnte er weiterkomponieren und wurde wieder lustig.
Amadeus war ein richtiger Spaßvogel
und machte ständig Blödsinn.

So erzählte er Pauline, wie er einmal der Kaiserin
Maria Theresia auf den Schoß geklettert war und sie abgeküsst hatte.
So etwas war natürlich eine riesengroße Frechheit und ganz
und gar unerhört. Da kicherte Pauline und fand es einen Mordsspaß.
»Mordsspaß, Mozartspaß, Mopsspaß, Sportsmaß«, lachte Amadeus.
Solchen Wörterquatsch liebte er. Doch bei seiner Arbeit war Amadeus
ganz ernst. Er kehrte also nach Salzburg zurück und Pauline nach Hause.
Sie spielte nun schon recht gut Klavier, vor allem Mozart,
was die Eltern erstaunte und Herrn Grundwirmer immer
mit dem Kopf wackeln ließ.

Als Amadeus vierzehn Jahre alt war, traf ihn Pauline in Rom.
Dort kam sie sich recht schlau vor, denn Rom kannte sie von
ihrem Italienurlaub. Pauline konnte kaum fassen, wie viel Amadeus
inzwischen schon komponiert hatte. Woher er nur all die Ideen hatte?
»Mach nur immer gescheit die Augen auf in der Welt und beobachte
alles genau. Alles was du empfindest, kannst du in Musik verwandeln.«

Das konnte Pauline irgendwie verstehen. In Rom geschah aber
noch etwas ganz Unglaubliches: Amadeus wurde nämlich
vom damaligen Papst zum Ritter geschlagen, zum Ritter
vom Goldenen Sporn. Der Papst mochte nämlich Amadeus' Musik
so gerne, vor allem das Cembalo-Spiel. Pauline war mächtig stolz
auf ihren Amadeus. Ein echter Ritter als Freund!
Allerdings leider ohne Rüstung. Pauline reiste noch eine Weile
mit Amadeus durch Italien. Sie kamen nach Neapel, Bologna
und auch Venedig. Das hatte es den beiden besonders angetan.
In Venedig waren die Straßen nämlich aus Wasser und die Autos Boote!
So etwas hatte Pauline noch nie gesehen.
Wenn Amadeus Auftritte bei Hofe hatte, bekam Pauline immer ein schönes,
zauberhaftes Kleid und fühlte sich darin wie eine Prinzessin.
Sie wünschte, ihre Freunde im Kindergarten
könnten sie so sehen. Die würden Augen machen!
Vor allem die zwei eingebildeten Ziegen Susi und Jaqueline.

Für Pauline hatten die Sommerferien begonnen
und sie fuhr mit ihren Eltern ans Meer.
Das gefiel Pauline eigentlich immer besonders,
doch diesmal musste sie ständig an Amadeus denken
und sie vermisste ihn.
So buddelte sie die zwei Wochen eher lustlos
im Sand herum. Als sie endlich wieder zu Hause waren,
rannte Pauline sofort auf den Dachboden.
»Wohin so eilig?«, fragte der Papa.
»Ich habe einen Ronnewu!«, rief Pauline.
»Was ist los?«, fragte Mama.
»Ach, Paulinchen hat ein Rendezvous,
wahrscheinlich mit einem verzauberten Prinzen«,
antwortete Papa lachend.

Da war Pauline bereits in Wien.
Doch welche Überraschung erwartete sie dort:
Amadeus war erwachsen geworden und noch dazu –
das war der zweite Schock – verheiratet!
Pauline war zunächst beleidigt, beruhigte sich dann aber schnell,
da sie mit Amadeus und seiner Frau Constanze in die Aufführung
des Singspiels »Die Entführung aus dem Serail« durfte.
Das gefiel ihr so gut, dass sie noch in Wien blieb und sich Amadeus' Opern
»Die Hochzeit des Figaro« und »Così fan tutte« ansah.
Die Handlung war recht verwirrend.
Es gab jede Menge Verwechslungen, Missverständnisse und
ein großes Durcheinander, doch am Schluss waren alle glücklich.
Die Musik jedoch durchflutete Pauline wie ein Strom von
goldenem Wasser, und sie hatte das Gefühl,
als tanzten Perlen in ihrem Körper.

Zu Hause bemerkte Pauline, dass sie in ihrem magischen Buch
schon fast am Ende angelangt war. Nur noch zwei Seiten!
Bestürzt schlug sie die nächsten drei Töne an.
Diese Reise bescherte ihr ein wirklich umwerfendes Erlebnis.
Pauline war in Frankfurt im Jahre 1790 gelandet und durfte mit
Amadeus an einer Kaiserkrönung teilnehmen.
Es war Kaiser Leopold II. »Wieso nur der Zweite,
hat der Erste keine Zeit?«, fragte Pauline.
»Es ist eh einer wie der andere«, spöttelte Amadeus.

Pauline fand, da könnte ihn ruhig auch einmal der Bundeskanzler einladen.
Doch merkwürdigerweise kannte Amadeus gar keinen Bundeskanzler.
Komisch, den kennt doch jeder, dachte Pauline.
Beim Klavierunterricht erfuhr sie vom Kopfwackler Grundwirmer,
dass es zu Mozarts Zeit nur die Monarchie gab und Kaiser und
Könige regierten. Und für Amadeus war es eine Ehre, bei Hofe zu spielen.
Auch Pauline hätte ja gerne mal vielleicht für einen Prinzen
gespielt statt nur für Herrn Grundwirmer.

Es war Herbst geworden. Pauline ging nun seit einigen Wochen zur Schule. Sie kam sich schon ganz groß vor und die Schule machte ihr Spaß. Manchmal war es aber recht langweilig, und dann half es, Unsinn zu machen, wie sie es von Amadeus gelernt hatte. Zum Beispiel Amadeus-Blödsinn aufsagen: »Bona nox, bist ein rechter Ochs.« Als eines Tages die Musiklehrerin von Mozarts »Zauberflöte« erzählte, begann Paulines Herz wild zu klopfen.

Zu Hause sprang sie die Stufen zum Dachboden hinauf, setzte sich ans Klavier und spielte die letzten drei magischen Töne. Gerade noch rechtzeitig kam sie zur Aufführung der »Zauberflöte« nach Wien. Amadeus gab ihr das schönste aller Kleider und setzte sie auf einen Ehrenplatz. Pauline wartete gespannt auf den Beginn der Vorstellung.

Endlich wurde es ganz still und eine überirdische Musik
drang in Paulines Herz.
Schon die ersten Töne tanzten wie bunte Schmetterlinge
um sie herum und ließen sie alles andere vergessen.
Doch was mochte es nun mit dieser Zauberflöte auf sich haben?
Gab es die wirklich? So etwa wie ihr Zauberklavier?

Die Bühne zeigte eine wilde Felsengegend,
in der sich der schöne Prinz Tamino
verirrt hatte. Leider wurde er gleich
beim Anblick einer riesigen Schlange
ohnmächtig. Pauline erschrak fürchterlich.
Der arme Prinz! Doch da wurde er ganz schnell
von drei komischen Damen gerettet. Die erzählten ihm
von einer wunderschönen Prinzessin Pamina,
die in einem Schloss gefangen war.

Tamino wollte sie unbedingt befreien.
Pauline war gespannt, wie er das anstellte. Als Begleiter
hatte Tamino einen lustigen Vogelfänger namens Papageno,
der über und über mit kunterbunten Federn geschmückt war.
Nun bekamen die beiden noch zwei Glücksbringer,
nämlich eine Zauberflöte für Tamino und ein magisches Glockenspiel
für Papageno. Gut gerüstet zogen die zwei los, um Pamina
aus den Händen des bösen Sarastro zu befreien. Pauline fand
alles so aufregend. Atemlos lauschte sie der herrlichen Musik,
und sie war sehr gespannt darauf, wie es wohl weiterging.

Im Schloss angekommen, stießen Tamino und Papageno auf
allerlei Hindernisse. Aber die Prinzessin lebte, und das machte
Tamino so fröhlich, dass er auf seiner Flöte zu spielen begann.
Und tatsächlich, es war eine echte Zauberflöte!
Es tauchten nämlich auf einmal lauter wilde, verrückte Tiere auf,
die zur Musik der Flöte tanzten! Das gefiel Pauline.
Die Musik war so mitreißend, dass sie kaum mehr stillsitzen konnte.
Es war ein fantastisches Spektakel auf der Bühne.
Ab und zu blinzelte Pauline voller Glück zu ihrem Amadeus hinüber.
Schon wieder wurde es spannend, denn der arme Papageno musste sich
mit seinem Glockenspiel gegen böse Männer verteidigen.

Das Glockenspiel war so süß und fröhlich, dass es alle
ganz friedlich werden ließ. Bald stellte sich heraus, dass Sarastro
gar nicht wirklich böse war. Er gab Tamino und Papageno Prüfungen,
die sie bestehen mussten, und dann sollte alles gut werden.
Ob sie das wohl schaffen?, fragte sich Pauline.
Auf einmal erschien die Königin der Nacht, Paminas Mutter,
die gar nicht nett war, dafür aber unbeschreiblich schön sang.
Ein paar Mal ging ihre Stimme ungefähr so hoch hinauf
wie der Stephansdom, neben dem Amadeus wohnte.
Die Königin wollte Tamino und Papageno an ihrem Weg hindern.
Doch das ließen die sich natürlich nicht gefallen.

Die Prüfungen für Tamino und Papageno waren furchtbar schwer.
Vor allem die Schweigeaufgabe, weil das Plappermaul Papageno
durchaus nicht den Mund halten konnte. So bestand Papageno
natürlich die Prüfung nicht. Das war ihm recht egal,
er suchte nämlich nur eine passende Frau.
Und komischerweise fand er sie auch, und die hieß auch noch Papagena.
Wenn das nicht passte! Tamino hatte jedoch mit Pamina
noch weitere Prüfungen zu bestehen. Zusammen mussten sie
durch eine Feuer- und eine Wasserhöhle!
Ob die nicht Angst haben?, fragte sich Pauline.
Tamino spielte auf seiner Zauberflöte, und so bestanden
die beiden ihre Prüfungen.

Die schreckliche Königin der Nacht versuchte noch einmal, das Glück ihrer Tochter Pamina zu zerstören, aber Blitz und mächtiger Donner ließen sie für immer verstummen.
Pauline zitterte schon am ganzen Leib, so unheimlich war ihr die Königin der Nacht. Endlich kamen Pamina und Tamino in den Sonnentempel des klugen und weisen Sarastro.
Der war so weise, dass die Weisheit förmlich von seinem schönen weißen Gewand mit Goldrand hinuntertropfte.
Aber immerhin gab er jetzt Ruhe mit seinen Prüfungen.
Damit siegte die Liebe, die den Menschen gut macht.
Das sangen ja schon die weisen Knaben in der Oper.
Und die wissen es vermutlich, fand Pauline!

Für Pauline war die »Zauberflöte« das Schönste, was sie je erlebt hatte.
Sie war noch ganz benommen und die Musik klang wie ein funkelnd
rauschendes Meer in ihr nach. Sie sah auf ihre Uhr,
und da wusste sie, dass es Zeit war, Abschied zu nehmen.
Die letzte Note im Buch war gespielt.
Amadeus kam auf Pauline zu, die Tränen in den Augen hatte.
»Kleine Pauline«, sagte Amadeus und nahm sie in den Arm,
»sei nicht traurig. Vergiss nicht:
Alles was du erlebt hast, kann dir keiner mehr nehmen,
und du wirst die Erinnerungen an diese Reise immer bei dir haben.
So wie ich dich in meinem Herzen!«
»Ja, ich dich auch und deine schöne Musik«, flüsterte Pauline.
Amadeus sagte noch servus, und da führten die magischen Töne
Pauline schon nach Hause. Dort wartete seltsamerweise Opa auf sie.
Er strich sanft über ihren Zopf, drückte ihr zwei CDs mit
der »Zauberflöte« und der »Kleinen Nachtmusik«
in die Hand und brachte sie zu Bett.

Mozarts Leben

1756   Wolfgang Amadé Mozart wird am 27. Januar in Salzburg geboren. Er ist das letzte von sieben Kindern. Seine Eltern sind Anna Maria Mozart und Leopold Mozart, der Violinist und Musiklehrer ist.

1761   Mozarts erste Komposition: Menuett (KV 1) sowie sein erster Auftritt.

1763   Reise mit der Familie nach Paris. Bei der Station in Frankfurt trifft Mozart den vierzehnjährigen Goethe. Erste Sonaten für Violine und Klavier.

1764–1766   Mozart unternimmt viele Reisen mit seinem Vater. Sie fahren unter anderem nach London, Den Haag, Amsterdam, Lyon, Genf und Zürich. Mozart komponiert seine ersten Symphonien und hat viele Auftritte.

1767   Reise mit dem Vater und der geliebten Schwester Nannerl nach Wien. Komposition der Oper »La finta semplice«, die von Franz I. in Auftrag gegeben wurde. Mozart erkrankt an Pocken.

1769   Mozart wird Konzertmeister in Salzburg. Erste Italienreise mit dem Vater.

1770   Papst Clemens XIV. ernennt Mozart als Anerkennung für seine außergewöhnlichen Leistungen zum Ritter vom Goldenen Sporn. Die Reise geht über Rom, Bologna und Mailand. Mozart befindet sich im Stimmbruch. Opera seria »Mitridate, Re di Ponto«. Erstes Streichquartett (KV 80).

1772   Mozart wird zum Konzertmeister ernannt. Dritte Italienreise.

1773   Mozart und sein Vater kehren nach Salzburg zurück. Mozart komponiert weitere Symphonien, Streichquartette und sein erstes Klavierkonzert.

1777   Mozart komponiert viele Klavierkonzerte, Serenaden, Flötenwerke und Kirchenmusik. Entlassung aus dem Salzburger Hofdienst. Reise mit der Mutter nach Mannheim.

1778   Erneute Reise nach Paris. Am 3. Juli stirbt Mozarts Mutter.

1781   Am 29. Januar Opera seria »Idomeneo« in München. Mozart lässt sich in Wien nieder und arbeitet an verschiedenen Wiener Akademien.

1782   16. Juli: Das Singspiel »Die Entführung aus dem Serail« wird in Wien uraufgeführt. Komposition der »Haffner«-Symphonie. Am 4. August Vermählung mit Constanze Weber.

1783   Geburt und Tod des Sohnes Raimund Leopold.

1784   Geburt des Sohnes Carl Thomas.

1786   Opera buffa »Le nozze di Figaro« in Wien. Geburt und Tod des Sohnes Johann Leopold.

1787   Reise mit Constanze nach Prag. Kammermusik: Mozart komponiert »Eine kleine Nachtmusik«. Am 28. Mai stirbt Mozarts Vater. Geburt der Tochter Theresia. Am 29. Oktober »Don Giovanni« in Prag.

1788   Tod der Tochter Theresia. Die letzten drei Symphonien.

1789   Reise nach Dresden, Leipzig, Berlin. Geburt und Tod der Tochter Anna.

1790   26. Januar: Opera buffa »Così fan tutte« in Wien. Reise nach Frankfurt zur Kaiserkrönung Leopold II.

1791   Geburt des Sohnes Franz Xaver Wolfgang. Letztes Klavierkonzert. Opera seria »La clemenza di Tito«. Am 30. September die Oper »Die Zauberflöte« in Wien. Unvollendetes Requiem. Am 5. Dezember stirbt Mozart in Wien.

Herbert Rosendorfer wurde 1934 in Gries/Südtirol geboren. Er studierte Jura und arbeitete jahrelang als Richter, zugleich war er ab 1990 Honorarprofessor für Bayerische Gegenwartsliteratur an der Universität München. Heute, nach seiner Pensionierung im Jahr 1997, lebt Herbert Rosendorfer wieder in seiner Heimat Südtirol. Herbert Rosendorfer ist Schöpfer eines umfangreichen Werkes, das neben Romanen und Erzählungen auch Theaterstücke, Reiseführer sowie Kompositionen umfasst. Viele seiner Bücher feierten große Erfolge, u. a. wurde Herbert Rosendorfer mit dem Literaturpreis der Stadt München ausgezeichnet. Bei der Verleihung der »Corine« – einem internationalen Buchpreis – erhielt Herbert Rosendorfer 2010 den Ehrenpreis des Bayerischen Ministerpräsidenten für sein Lebenswerk.

Sein erfolgreichstes und bekanntestes Werk ist der Bestsellerroman »Briefe in die chinesische Vergangenheit«, der 1985 erschien. Das bei arsEdition erschienene Mozart-Bilderbuch – das jetzt in der TING-Ausgabe neu veröffentlicht worden ist – ist sein erstes Buch für Kinder. Er hat es zusammen mit seiner Frau Julia Andreae verfasst, die auch als Autorin tätig ist.

Iris Wolfermann hat an der Hochschule der Künste in Berlin studiert und arbeitet heute als freischaffende Künstlerin und Illustratorin. Sie illustrierte bisher Kinderbücher und Schulbücher nicht nur in Deutschland, sondern auch für einen Verlag aus Südkorea. Das bei arsEdition erschienene Bilderbuch über Mozart – das jetzt in der TING-Ausgabe neu veröffentlicht worden ist – ist ihr erstes Bilderbuch.

Diese Stücke werden über den TING-Stift abgespielt:

»Eine kleine Nachtmusik« auf Opas verstimmtem Klavier und im Original
Eine kleine Nachtmusik, KV 525, 1. Satz Allegro (Capella Istropolitana; Wolfgang Sobotka)
Mozarts erstes Stück auf Cembalo und Klavier
Menuett KV 1 (Bastian Efta)
Mozart am Klavier
Klaviersonate Nr. 11 in A-Dur, KV 331, 3. Satz: Rondo alla turca, Allegretto (Jeno Jando)
Das Veilchen von Johann Wolfgang von Goethe
Das Veilchen, KV 476 (Ruth Ziesak/Sopran; Ulrich Eisenlohr/Klavier)
So mag es aus dem Pariser und Londoner Hoftheater geklungen haben ...
Symphonie Nr.1 Es-Dur KV 16, 2. Satz Andante (Northern Chamber Orchestra; Nicholas Ward)
Paulines Besuch der Oper »Die Zauberflöte« (KV 620)
(Failoni Orchestra; Dirigent Michael Halász)
Schnelle Füße, Rascher Mut (Georg Tichy/Bariton; Wilfried Gahmlich/Tenor)
Der Vogelfänger bin ich ja (Georg Tichy/Bariton)
Dies Bildnis ist bezaubernd schön (Herbert Lippert/Tenor)
Wie stark ist nicht dein Zauberton (Herbert Lippert/Tenor)
Der Hölle Rache kocht in meinem Herzen (Hellen Kwon/Sopran)
In diesen heil'gen Hallen (Kurt Rydl/Bass)
Eine »Nachricht« von Mozart
Eine kleine Nachtmusik, KV 525, 2. Satz Allegro

Komponist: Wolfgang Amadeus Mozart
Musikauszüge mit freundlicher Genehmigung von NAXOS Rights International Ltd.
℗1987 – 2011 Naxos Rights International Ltd.
© 2011 Naxos Rights International Ltd.
© 2011 arsEdition